Jag är inte arg
Jag är bara
JÄVLIGT
labil

PMS Poesi

Jag är inte arg
Jag är bara
JÄVLIGT
labil

AV
JENNY JACOBSSON

Jenny Jacobsson har tidigare utgivit:

I ditt kvarter, relationsroman 2014
Närmare än du tror, relationsroman 2018
Väninna sökes, relationsroman 2019

Samt medverkar i en rad novellantologier.

Pms-poesi
Första tryckningen

© 2019 Jenny Jacobsson
Omslag: Malin Köhler Enstedt

Förlag: BoD – Books on Demand, Stockholm, Sverige
Tryck: BoD – Books on Demand, Norderstedt, Tyskland

ISBN: 978-91-76995921

Till alla kvinnor som

Vill

Har

Hade

&

till er

alla män

som står bredvid

och oftast vet

långt innan

vi förstått.

Det bubblar under huden
jag vill skrika rakt ut
Rastlösheten river
Tårarna rinner
Jag vill inte gråta
Förbannade tårar
Jag är inte ledsen
Bara förbannad
Jävligt förbannad
Hormonerna bubblar
Blodet pulserar
Drar täcket över huvudet
I morgon är en annan dag
en annan jag

Pennan fungerar inte
Kludd, kludd
Kom igen
Pennan fungerar inte
Arket under spetsen brister
Kom igen nu
Pennan ritar hårda rivmärken
Inget bläck
Helvetes jävla pennjävel

Jag är inte arg
Jag är bara JÄVLIGT labil

Du säger att jag är sur
Jag morrar
Du säger att jag ska ha mens
Jag morrar
Du säger att jag borde gå och bädda ner mig
Jag morrar
Du säger att det blir bättre i morgon
Jag går och lägger mig

Hur är det möjligt
Varje månad samma sak
Känner mig låg
ledsen
orolig
Varje månad
ändå blir jag förvånad

"Ska du ha mens eller?"
"Nä. Ska du?"

Svullen mage
Trånga byxor
Behån har krympt
Armhålorna klibbar
Fötterna fryser
Jag ryter
Vill sova
Tålamodet tryter

Vad använder du för ord?
Du som inte svär
När blodet snart är här

Vi är lika vi
Du är svart
Jag är vit
Tillsammans är vi röda

Blod, blod
Alla vet
Trots det
Vår hemlighet

Ledsen
Låg
Varje månad samma sak
Varför jag?

"Har du en tampong?"
"Nä. Men tack för att du frågar"
Du vill
Inte jag

Tolv veckor per år
Rött, blött, argt, ledset
Tolv veckor per år
Resten?
Glatt?

Fertil, steril
Blod, blött
Steril
Allt dött

Gråter, skrattar
Gråter igen
Labil, fertil, steril
Vill
Vill inte ha

Vill
Vill inte ha

Skönt att slippa
Saknar det
Stabil

Ömma bröst
Tjockveckan är här
utan blod
Humöret tryter
Gallan flyter

Ömma bröst och svullen buk
Mensen gör mig sjuk
Ont i magen
Gråtmild hela dagen
Kvällen natten med
Mensen kommer med besked

Varje månad fattar noll
Jag har ingen koll
Varför ledsen och låg
Kalendern har svaret
Jag räknar ut
Menscykelns väg har lut

Fertil, blod, gravid
Liv
Kärlek, lycka, tårar

Motorcykel
Tandemcykel
Bmxcykel
Menscykel
Vilken cykel väjer du?

Kvinnans lott är röd
Mannens?

Rödmosig, svullen, tjock
Mensens vackra tryne

Fortplantning, mens, tampong

Hyllningssång
Livet, kärleken, barnaskrik
gener, likhet, föräldraskap
Bindor, blod, tårar
Tröst, gråt och trots
Nappar, blöjor, bebishud

Blod, blod
Lilla vän
När kommer du igen?

Inget blod
inget blod

inget blod
Gravid

Inget blod

inget blod

inget blod

Klimakteriet

Järnbrist, trött, glåmig
Arg, sur och taggig
Slitet hår
Mörka ringar under ögonen
Orkeslös
Mensens baksida
Bakgård
Junkyard

Ge mig ett M

Ge mig ett E

Ge mig ett N

Ge mig ett S
Vad blir det?

Lingonveckan!!!
Vad fan har lingon med mens att göra?

Mé ens
är man arg som ett bi

Om jag bara hade någonting gammalt
Någonting riktigt gammalt
att dra över huvudet

Säg inte emot mig
bara le
Le och ge mig styrka
Ifrågasätt inte
bara le

Le och ge mig orken åter
Skämta inte
bara le

Och låtsas att allt är som vanligt.

Ta min hand
när jag inte förstår
Led mig till sängen

när jag inte orkar gå

Bädda om
bädda ner

Låt mig vila
vila mig igenom helvetet

Ilskan sjuder
blodet kokar
huden bubblar sig
snart smäller det

Armhålorna klibbar
äggstockarna värker
tampongen är tjock och torr

-Jag. Orkar. Inte-

Kastar täcket av och an

För varmt
för kallt
för klibbigt

för jobbigt

Täcket för knöligt
kudden för hård
Svetten lackar

Ryggen värker
Magen spänner
Snart är det en månad till nästa gång

Du längtade
ville bli vuxen
Jag hatade
ville bli gammal

Pms-poesi
Kunde inte låta bli
Hyllad men ändå hånad
Varje månad
Har du mens eller?
Jävla klimakteriekossa
Några fula ord
Inget liv utan blod

Ingen mens
Inget vi
Bara du och jag

Vad är det som händer
I min kropp
Jag måste sätta stopp
Stopp för yrsel och microsvindel
Som att gå med bindel
Ett steg hit
Ett steg dit
Mot helvetet och tillbaka
Jag måste baka sockerkaka
Sötsug, sötsug, sötsug
STOPP!
Nu ger jag fan opp!

Det finns dagar

Det finns kraft

När hjärtat inte rusar

När pulsen sakta slår

När det inte klibbar mellan mina lår

Ett andningshål

Och inget annat

Det var väl rent förbannat

Redan nästa dag

Gråtmild, arg och tvär

Här hjälper inga gojibär

Naturläkemedel i all ära

De har fått mig att svära

Helvetes, jävla, skit, fan

När ska det vända

Med recept

Kanhända

Ena dagen

Andra lik

Mestadels gråt och skrik

Överreagerar, skäller, gormar

Hela kroppen stormar

Ge mig frid

Ge mig liv

Allt detta förbannade kiv

Johannesört får mig till ro

Nu kan jag sitta här och glo

Utan att det rasar

Trots att livet knasar

PMS

Passar inte bland det litterära

För PMS

Får man svära

Högt och tydligt skriker man

HÅLL KÄFTEN OM DU KAN!

Att gå i klinch är inte min vanliga person

Vem är det som tar ton?

Från djupet av mitt inre

Ett odjur jag inte kände till

Vad är det som djuret egentligen vill?

Pms- roller coaster
som Gröna Lund

Ett tivoli har flyttat in i min kropp

Hur sätter man stopp?

En lek med ord

Om mens och yrsel

Svettningar och blöta lakan

En vardag

I helvetet

Du är så obetydligt liten

Du går inte ens att se

Men hörs och störs

Det gör du!

-Ryck upp dig!
-Dra åt helvete.

Stort tack till er som valt att läsa min första
diktsamling.
Jag heter Jenny Jacobsson.
Jag är författare och jag älskar att leka med
orden.

Att skriva är livet för mig. Jag kan inte andas
utan texten.

Fotograf: Jini Sofia Lee

Inspiration till mitt skrivande finner jag i
vardagshändelser.
I livets små och stora ting.
Vill ni följa mitt författarskap så är ni varmt
välkomna.

Instagram: jennyjjacobssonwriter
Facebook: www.facebook.com/forfattardrommar

Dessutom medverkar jag i en bokpodd som även
finns på Youtube.
Namnet på podden är: Vad vi pratar om när vi
pratar om böcker.

Och seriöst

Lingonveckan?
Lägg av